PRIMIRACCONTI
letture semplificate per stranieri

Traffico in centro

Marco Dominici

A1-A2
elementare

EDILINGUA

www.edilingua.it

Marco Dominici è laureato in Lettere Classiche presso la Statale di Milano e ha conseguito il Master Itals (Università Ca' Foscari di Venezia) per l'insegnamento dell'italiano come LS.

A mia figlia Giulia,
la più bella storia mai scritta

© Copyright edizioni Edilingua
Sede legale
Via Giuseppe Lazzati, 185 00166 Roma
Tel. +39 06 967273073
Fax +39 06 94443138
info@edilingua.it
www.edilingua.it

Deposito e Centro di distribuzione
Via Moroianni, 65 12133 Atene
Tel. +30 210 5733900
Fax +30 210 5758903

IV edizione: settembre 2023
ISBN: 978-960-6632-77-8
Redazione: Laura Piccolo, Antonio Bidetti
Impaginazione e progetto grafico: Edilingua
Illustrazioni: Giorgio Chatzakis
Registrazioni: *Networks* srl, Milano

Edilingua sostiene actionaid

Grazie all'adozione di questo libro, Edilingua adotta a distanza dei bambini che vivono in Asia, in Africa e in Sud America. Perché insieme possiamo fare molto! Ulteriori informazioni sul nostro sito.

Stampato su carta priva di acidi, proveniente da foreste controllate.

Ringraziamo sin da ora i lettori e i colleghi che volessero farci pervenire eventuali suggerimenti, segnalazioni e commenti (da inviare a redazione@edilingua.it).

Legenda dei simboli

Fai gli esercizi 1-3 nella sezione *Attività*

Inquadra il codice con il tuo smartphone/tablet per ascoltare/scaricare la traccia 5.

Indice

Indice delle tracce audio

Le tracce audio (6-10) delle attività sono disponibili sul nostro sito www.edilingua.it alla sezione *Primiracconti.*

Premessa

La collana *Primiracconti* nasce dalle sempre più frequenti richieste da parte degli studenti di leggere "libri italiani". Tutti sappiamo però quanto ciò sia difficoltoso, soprattutto per studenti di livelli non avanzati; si è pensato quindi di realizzare racconti semplificati che potessero da una parte soddisfare il piacere della lettura con un testo narrativo non troppo esteso né difficile da comprendere e dall'altra offrire un mezzo per raggiungere una maggiore conoscenza della lingua e della cultura italiana. Ogni racconto, infatti, è corredato da attività mirate allo sviluppo di varie competenze, in particolare quelle legate alla comprensione del testo e al consolidamento del lessico usato nel racconto, un lessico che comprende, non di rado, anche espressioni colloquiali o gergali molto diffuse in Italia, presentate sempre in contesto.

Tutti i racconti si avvalgono di vivaci disegni originali (presenti anche nella sezione delle attività) che, oltre ad avere una funzione estetica, sono stati pensati e realizzati per aiutare lo studente a raggiungere una maggiore e più completa comprensione del testo. Allo stesso scopo sono state inserite le note a piè di pagina, ben calibrate nel testo per non appesantirne la lettura.

Ciascun capitolo del racconto è introdotto da una o due brevi domande che hanno lo scopo non soltanto di collegare il nuovo capitolo a quello precedente, ma soprattutto di mantenere alta e viva la motivazione dello studente-lettore, il quale viene introdotto nell'intreccio degli avvenimenti che il nuovo capitolo andrà a svelare.

Traffico in centro può essere usato sia in classe sia individualmente, così come le attività relative ad ogni capitolo possono essere svolte sia in gruppo sia dal singolo studente; da una parte, infatti, si fa riferimento alla lettura collettiva, sempre utile in classe in relazione a un testo narrativo; dall'altra si offre l'occasione unica di una lettura individuale, importante tanto per un eventuale e successivo lavoro in classe, quanto, e soprattutto, per lo studente all'inizio del suo percorso di studio dell'italiano.

Tutti i volumi della collana *Primiracconti* sono completati dalla lettura a più voci del testo, eseguita da attori professionisti, e da interessanti attività di ascolto. Ciò fornisce allo studente l'opportunità di ascoltare la pronuncia e l'intonazione corretta del testo, cosa quanto mai importante ai primi livelli e sicuramente sempre gradita. All'interno del libro trovate i QR code per accedere direttamente alle tracce audio.

Buona lettura!

Cosa significa "traffico"?
Cosa fai quando sei nel traffico?

Milano, ora di punta

Non è mai facile trovare un posto per la macchina alle 9 di mattina nel centro di Milano. Lo sa bene Mario, che ogni mattina va a lavorare con la sua Alfa Romeo e ogni mattina, come sempre, cerca per 20 minuti un posto dove parcheggiare la sua grande macchina nuova, blu, bellissima.

Non conosce questo problema Giorgio, studente con ancora molti esami da fare, pigro e allegro, sempre in bicicletta, anche quando il tempo è brutto ed è freddo.

Ma oggi non fa freddo, è una bella giornata di sole, settembre è quasi finito, ma il sole è caldo e le persone ancora hanno vestiti leggeri e colorati: ragazze con gonne rosse o a fiori e magliette a maniche corte, ragazzi in scarpe da tennis e maglietta.

Giorgio corre felice sulla sua bicicletta, Milano è piena di gente e di traffico, ma lui oggi sta bene, ascolta il nuovo cd che ha ricevuto ieri da Barbara, la sua ragazza, per il compleanno: un cd di musica inglese. Ricorda ancora la festa di ieri sera a casa sua con gli amici: Paolo, Antonio, Lucia, Luca, Marco, Andrea, Silvia. Pochi amici, ma buoni, come dice sempre Barbara. Hanno ascoltato musica, hanno ballato, hanno parlato del più e del meno, hanno mangiato la torta e alla fine, verso l'una di notte, tutti sono tornati alle loro case. Una festa semplice, Giorgio preferisce così, non ama invitare troppe persone e avere confusione[1] in casa.

Ecco perché oggi Giorgio è felice: ascolta il suo cd nuovo sulla sua bicicletta, nel centro di Milano, in una bella giornata di settembre: gli automobilisti, invece, nelle loro macchine sono nervosi per il traffico, per i semafori rossi o perché non c'è un posto dove parcheggiare.

Giorgio va all'università, Mario guida nervoso e va al lavoro, al suo studio di avvocato nel centro di Milano.

Giorgio sorride al sole di settembre e ascolta la musica, Mario spegne la radio perché vuole cercare con attenzione un posto vicino al suo studio.

Giorgio passa con il semaforo rosso, non vede l'Alfa Romeo blu che viene dalla parte opposta[2].

Mario cerca un posto, è nervoso, anche oggi non riesce ad arrivare al lavoro in orario, anche oggi, come ieri, come sempre.

Giorgio va in bicicletta veloce e ascolta il cd, è felice e non pensa a niente; Mario guida nervoso e guarda a destra e a sinistra in cerca di[3] un posto per la sua macchina grande e lunga.

---

1. *confusione*: disordine e rumore.
2. *parte opposta*: di fronte, direzione contraria.
3. *in cerca di*: alla ricerca di, per cercare qualcosa/qualcuno.

Giorgio non vede Mario che arriva, Mario non vede la bicicletta di Giorgio, la sua Alfa Romeo è silenziosa, e Giorgio comunque[4] ascolta il suo cd nuovo, non sente i rumori della città.

Mario alza gli occhi solo quando vede una cosa nera davanti a lui, Giorgio sente qualcosa che colpisce la sua gamba, ma non ha il tempo di capire; Mario frena[5], ma è troppo tardi: Giorgio è caduto dalla bicicletta e grida[6]:
– Aiuto!

1-3

4. *comunque*: in ogni modo.
5. *frenare*: fermare la macchina.
6. *gridare*: parlare a voce alta.

Prova a prevedere cosa succede dopo l'incidente.
Fai tre ipotesi.

2

Quando arriva l'ambulanza?

Giorgio è a terra e grida per il dolore[1]; Mario esce dalla macchina, prende il cellulare e chiama subito un'ambulanza:
– Pronto, venite subito in via Manzoni, c'è un ragazzo che ha avuto un incidente in bicicletta!

– Ahia ahia la gamba... mi fa male, mi fa male!

– Aspetta solo un po', ragazzo, ho chiamato l'ambulanza, arriva subito.

– Mi fa male...

– Lo so, scusa, è colpa mia[2]... ma non ti ho visto, davvero!

– Però è anche colpa mia, sono passato con il rosso... ahia ahia...!

1. *dolore*: avere male in una parte del corpo.
2. *è colpa mia*: ho sbagliato io, la responsabilità è mia.

– Aspetta, ti aiuto a uscire da sotto la macchina, aspetta...

– Ahia ahia... che cosa fa? Mi fa male, ho detto!

– Sì, lo so. Ma non puoi restare in questa posizione...

Poco dopo, Giorgio è seduto sul marciapiede, la bicicletta vicino a lui. Mario lo guarda, ha voglia di parlare con lui, se parlano forse Giorgio non pensa al dolore.

– Come ti chiami?

– Ahia... Giorgio, e Lei?

– Mario Fogli. Ma diamoci del tu[3], per favore.

– Che fa... che fai, sei un avvocato?

– Sì! Come hai fatto a capire?

– Non so perché, ma ho subito pensato al mestiere d'avvocato: sai, secondo me gli avvocati hanno, non so, un modo speciale di camminare, di guardare gli altri... o forse è solo una mia impressione perché studio Legge e un giorno voglio anch'io essere un avvocato di successo... sai, come quelli dei film americani! – Prova a sorridere, ma il dolore è forte.

– Ah, studi Legge! – dice Mario – A che anno sei?

3. *diamoci del tu*: espressione per dire che non è necessario usare la forma di cortesia (il "Lei").

– Uhm, lasciamo stare[4], sono un po' indietro con gli esami...

– Ah... anch'io ho finito al secondo anno fuori corso[5]. Ma è successo molto tempo fa... il secolo[6] scorso! – Mario ride, ha finito l'università 20 anni fa.

– Ah, allora anch'io ho speranza[7]! – Giorgio prova a sorridere, ma la gamba fa troppo male. Poi chiede a Mario:
– Sei sposato?

– Sì.

---

4. *lasciamo stare*: espressione che usiamo quando non vogliamo parlare di qualcosa.
5. *fuori corso*: dopo il tempo previsto per finire l'università.
6. *un secolo*: 100 anni.
7. *avere speranza*: desiderare un futuro migliore.

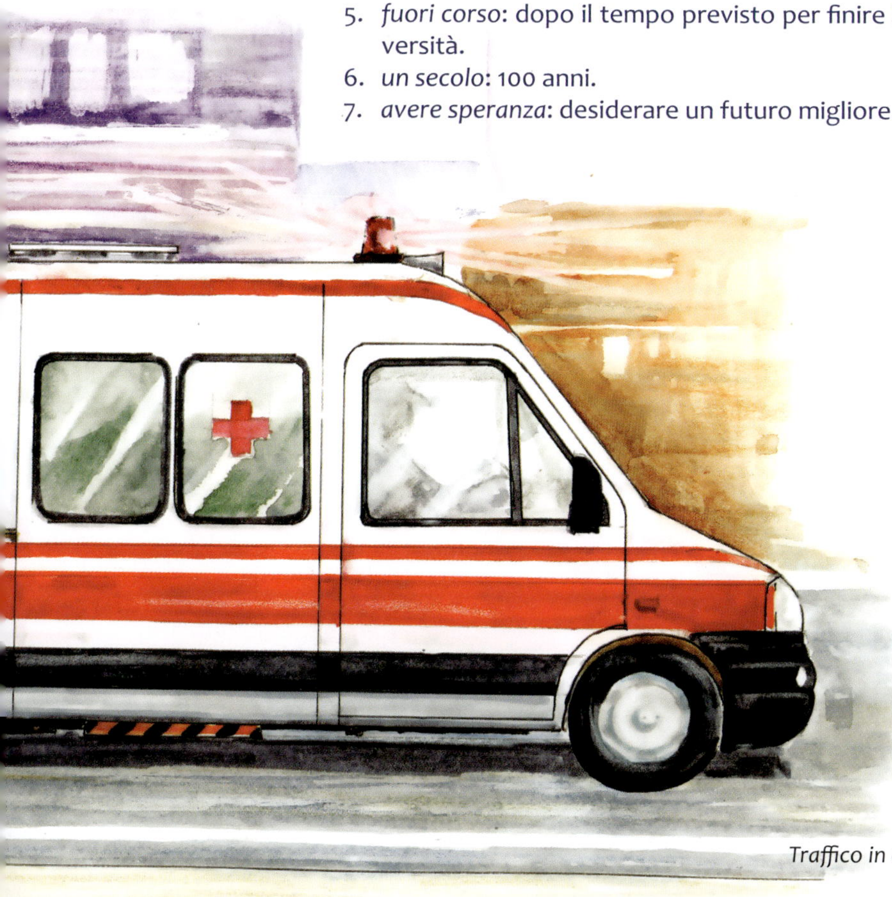

– Figli?

– Due, un maschio e una femmina.

– Ah, congratulazioni! ...Ahi!

– Che c'è, fa male la gamba?

– Sì... Ma quando arriva questa ambulanza?

– Eccola, eccola, non senti la sirena[8]?

– Finalmente!

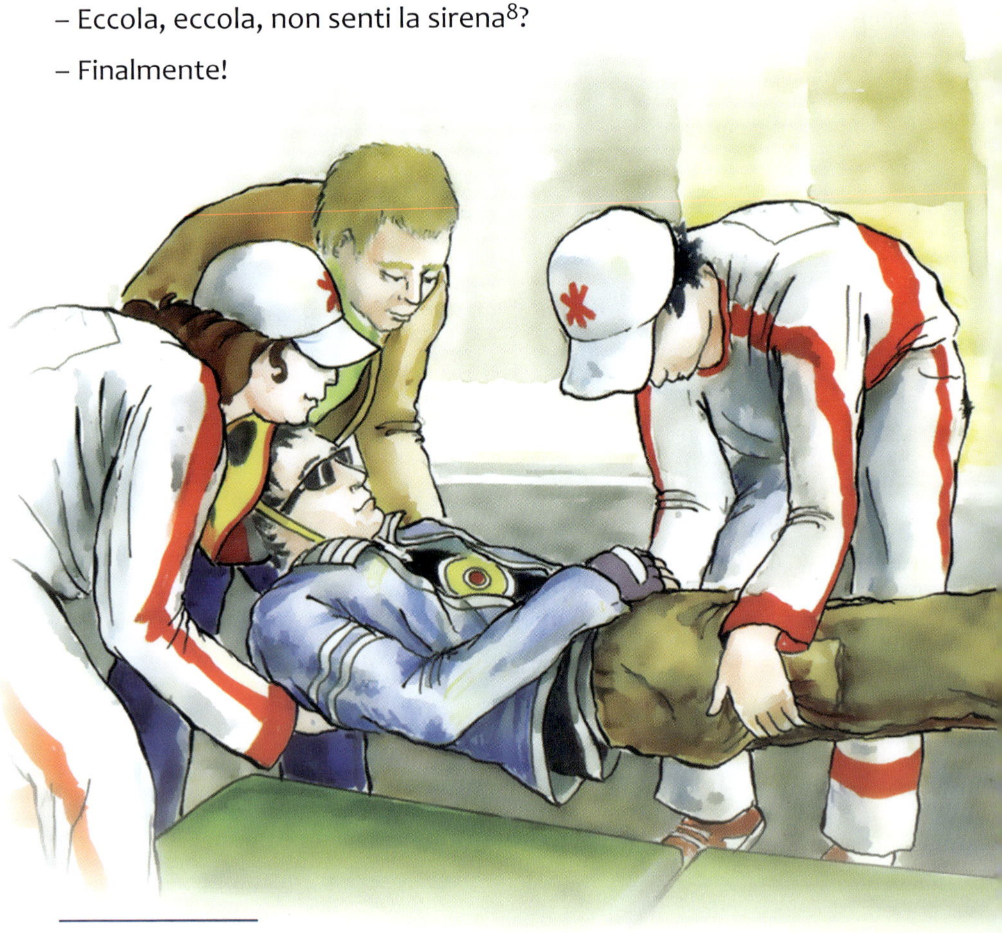

8. *sirena*: la luce che si trova sulle ambulanze, o per esempio sulle macchine della polizia, che si accende e si spegne e produce un suono.

Mario aiuta Giorgio a stare in piedi e dice:
– Vengo in ospedale con te, ok?

– Davvero?

– Ma certo, come faccio a lasciarti solo?

Arriva l'ambulanza, e gli infermieri[9] mettono Giorgio sulla barella[10].

Mario entra in macchina e segue l'ambulanza. Ora è meno nervoso, anche se non ha cominciato la giornata molto bene: ha investito[11] un ragazzo in bicicletta. Ma il ragazzo è simpatico, anche dopo l'incidente ha voglia di scherzare[12]. È raro trovare qualcuno così e il carattere di Giorgio aiuta anche Mario a essere meno preoccupato[13].

4-9

---

9. *infermieri*: personale non medico che cura, assiste le persone in ospedale.
10. *barella*: lettino che si trova in ambulanza.
11. *investire*: colpire qualcuno con la macchina.
12. *scherzare*: fare o dire una cosa divertente, per ridere.
13. *essere preoccupato*: non essere tranquillo, essere in ansia.

Hai un cellulare?
Fai molte telefonate al giorno?
A chi telefoni di solito?

Due telefonate

Dentro l'ambulanza Giorgio prende il cellulare e chiama la sua ragazza:
– Pronto, Barbi? Dove sei? ... Ah, in università? ... No, io non vengo oggi, ho avuto un piccolo incidente. ... No, niente di grave[1], ma devo andare in ospedale, sono in un'ambulanza. ... No, non scherzo, un tizio[2] mi ha investito con la macchina. ... No davvero, sto bene, la gamba mi fa male, ma non è niente di grave. ... Sì, viene anche lui in ospedale con me... è simpatico, un avvocato. ... No, no, non è colpa sua, è mia, sono

1. *niente di grave*: niente di importante, di serio.
2. *tizio*: una persona che non conosciamo, una persona qualsiasi. Anche: *qualcuno*.

passato con il rosso. ... Sì, lo so, sono sempre distratto[3], lo so, ma sono distratto perché penso sempre a te, amore mio. ... Senti, vieni in ospedale, più tardi? ... Uhm, non lo so, aspetta... scusi, infermiere, in che ospedale andiamo?

L'infermiere guarda Giorgio e risponde:
– San Raffaele.

– Al San Raffaele – ripete Giorgio a Barbara – Ti aspetto lì? ... Ok, a dopo, ci vediamo, ciao amore. ... Ciao.

L'infermiere ride, ricorda quando anche lui è stato giovane, con una fidanzata, e tutta la vita davanti. Beati i giovani![4]

Nello stesso tempo, squilla il cellulare di Anna, la moglie di Mario.

– Pronto? ... Oh, ciao Mario, come va? ... Perché? È successo qualcosa? ... Oh mio Dio! ... Ah, bene, poverino[5], ma come è successo? ... Devi stare attento, i ciclisti[6] non guardano mai dove vanno; adesso dove sei? ... Al San Raffaele, certo, sì... quando hai finito mi telefoni? ... Sì, io resto qui in università fino a mezzogiorno, oggi ci sono gli esami. ... Ok, ciao, a dopo, ciao.

10-14

---

3. *distratto*: poco attento, non concentrato.
4. *beati i giovani!*: espressione che usiamo quando parliamo di qualcuno che secondo noi è molto fortunato.
5. *poverino*: diciamo così quando parliamo di una persona sfortunata nella vita, che ha problemi.
6. *ciclista*: chi va in bicicletta (come *automobilista*: chi va in macchina).

Giorgio va in ospedale per un incidente non grave.
Tu sei mai stato in ospedale (o conosci qualcuno che ci è stato) per un piccolo problema?

In ospedale

L'ospedale è grande e affollato[1], Giorgio è nel corridoio e aspetta il dottore. Mario è seduto vicino a lui, ha comprato un giornale e una rivista. Giorgio ha preso la rivista e la sfoglia[2], mentre Mario guarda a destra e a sinistra per vedere se arriva il dottore.

– Come va la gamba?

– Mah, adesso fa meno male...

– Sono sicuro che non è niente di grave.

– Ma certo, solo una frattura[3], ho già avuto un incidente simile[4].

– Davvero? Quando?

– Cinque anni fa. Sempre in bicicletta, ma non in città, in campagna.

– Ah, allora non è la prima volta!

– No. E anche due anni fa sono venuto qui per una mano: un incidente sportivo.

– A cosa giochi?

---

1. *affollato*: pieno di gente, con molte persone.
2. *sfogliare*: leggere senza attenzione.
3. *frattura*: rottura di un osso.
4. *simile*: quasi uguale, dello stesso tipo.

– Gioco a tennis e a calcio, e in inverno vado a sciare.

– Ah, sei uno sportivo!

– Sì, lo sport è importante per me. E tu, cosa fai nel tempo libero?

– Mah, sai, non ho molto tempo libero. Quando c'è la famiglia, il tempo libero è per i figli e per la moglie.

– Tua moglie lavora?

– Sì, insegna all'università.

– Caspita[5]! Che brava!

– Sì, sono fortunato. E tu? Hai una ragazza?

– Sì, si chiama Barbara. Tra poco viene qui.

– Studia anche lei?

– Sì, lei studia Lettere.

– Davvero? Mia moglie... Ma ecco il dottore!

Il dottore esce da una porta dove c'è scritto *Pronto Soccorso*[6]. È alto, ha gli occhiali e un pizzetto nero. Ha il viso simpatico e aperto, il camice bianco molto pulito, le mani lunghe.

– Buongiorno! Chi è il malato[7]?

– Io dottore, ho una gamba rotta!

– Questo lo devo dire io, o forse sei dottore anche tu?

– No, è che...

– Ecco, bravo, allora adesso prima di tutto facciamo i raggi X[8] e poi vediamo cosa hai alla gamba. Vai in quella stanza lì, e quando hai fatto torna da me!

– Va bene, dottore, ahi! Giorgio vuole camminare, ma la gamba fa male.

Mario lo aiuta e insieme vanno alla stanza dei raggi.

Dopo poco Giorgio e Mario escono e... sorpresa! Davanti alla porta c'è

---

5. *caspita!*: espressione che usiamo quando siamo sorpresi.
6. *Pronto Soccorso*: luogo dell'ospedale dove le persone ricevono i primi aiuti, le prime cure.
7. *malato*: persona che sta male, che ha un problema di salute.
8. *raggi X*: una "fotografia" per vedere le ossa nel corpo di una persona.

Barbara, la ragazza di Giorgio.

– Barbi! Che sorpresa! Ciao!

– Perché che sorpresa? Sono arrivata, come ho detto al telefono!

– Sì, ma... così presto! E l'esame?

– Ho visto solo qualche domanda, ho capito che non è difficile: la professoressa è molto brava, e non è cattiva.

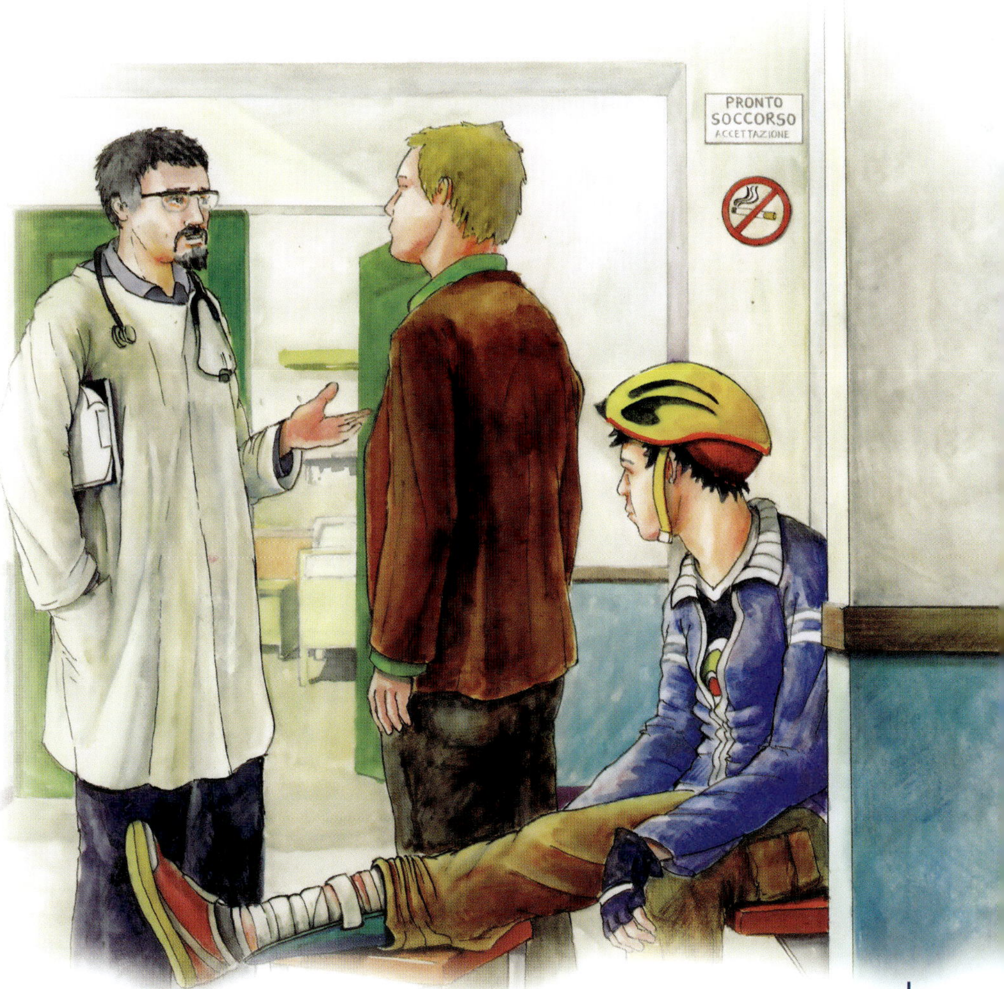

– Ah, meno male[9]!

Mario ascolta Barbara e Giorgio e sorride.

– Ah, Barbara, ti presento Mario, opps, l'avvocato Fogli...

– No, no, va bene Mario. Ciao, Barbara, piacere. Mi dispiace per quello che è successo.

– Ciao, piacere. No, sono certa che è colpa di Giorgio, è sempre distratto, lo conosco bene.

– State insieme da molto tempo?

– Cinque anni. Un amore nato a scuola. Barbara prende la mano di Giorgio e sorride.

– Ah, bene... il telefono di Mario suona. – Scusate, rispondo al telefono.

Il dottore chiama Giorgio:
– Giorgio, vieni qui!

– Sì, dottore, arrivo! Barbara, mi aiuti, per favore?

– Certo, amore.

Barbara e Giorgio entrano nella stanza del dottore, Mario continua a parlare al telefono. Saluta con la mano e dice sottovoce: – Buona fortuna!

– Grazie! risponde Giorgio con un sorriso.

15-20

---

9. *meno male*: per fortuna.

5

In questo ultimo capitolo parliamo di paura.
Hai paura di qualcosa? Di cosa?
Ricordi quando hai avuto molta paura? Racconta.

5

Prima di pranzo, cinque minuti di... paura!

Quando Giorgio e Barbara escono dall'ospedale, Mario aspetta nella sua macchina. Non è solo: vicino a lui c'è una donna con i capelli lunghi e neri, un sorriso luminoso e gli occhi verdi: è la moglie Anna. Quando Mario e Anna vedono i due ragazzi uscire dall'ospedale, escono dalla macchina.

Giorgio ha la gamba ingessata[1], ma è felice perché non ha più dolore e Barbara è vicino a lui. Ha qualche problema a scendere le scale, ma quando vede Mario sorride.

– Ciao! Hai visto? Niente di grave, solo una frattura! Un mese di gesso[2] ed è finita!

---

1. Quando c'è una frattura (vedi nota 3, capitolo 4), il dottore deve ingessare la gamba.
2. *gesso*: materiale per fare l'ingessatura.

– Meno male, sono contento! Adesso andiamo tutti insieme al ristorante, il minimo che possiamo fare è un invito a pranzo! Ah, ragazzi, questa è mia moglie Anna. Anna, loro sono Giorgio e Barbara.

La moglie di Mario sorride: – Ciao, piacere.

– Piacere, Giorgio.

Barbara guarda Anna e arrossisce[3]; poi dice ad Anna: – Ma... Lei è la professoressa Marzi!

Giorgio è sorpreso: – Barbara, conosci la moglie di Mario?

– Ma certo, è la mia professoressa di Storia Moderna!

– Davvero? chiede Giorgio.

– Sì, certo! Oggi sono andata al suo esame per vedere se è difficile...

Anna sorride, non conosce Barbara, ma ha visto il suo viso alle lezioni. – Allora? È difficile il mio esame, Barbara?

– No... cioè, voglio dire... bisogna studiare, certo, ma le domande non sono impossibili.

Tutti salgono nell'Alfa Romeo di Mario; Giorgio è seduto dietro con Barbara, Mario guarda dietro e chiede: – Pronti? Giorgio stai comodo? Allora andiamo!

– Sì, ma dove? chiede Anna – Giorgio, decidi tu: conosci un buon ristorante dove andare?

– Io? – Giorgio spalanca[4] gli occhi per la sorpresa. – Io vado solo in pizzeria, i ristoranti costano troppo per me!

– Va bene, decido io, allora. – dice Anna – Ragazzi, preferite carne o pesce?

– Non abbiamo problemi, mangiamo anche carne e pesce insieme!

---

3. *arrossire*: il viso diventa di colore rosso.
4. *spalancare*: aprire completamente.

Vero Barbara? – ride Giorgio, e Barbara fa sì con la testa.

– Bene! Allora Mario, che ne dici di andare in quel posto dove non andiamo da tanto tempo, come si chiama...

– Quale, *L'osteria di Bacco*?

– Sì! È un po' fuori città, ma ne vale la pena[5]. Che ne dici?

– Sì, buona idea! – approva Mario – Allora ragazzi, siete pronti per una enorme grigliata[6] di carne?

5. *ne vale la pena*: espressione molto usata, in questo caso significa: un ristorante dove è bene andare perché la cucina è molto buona.
6. *grigliata*: un grande vassoio pieno, in questo caso, di carne arrosto, cucinata sul fuoco.

– Sì! – gridano in coro[7] Giorgio e Barbara.

– Perfetto! – dice Mario, e parte.

Dopo 20 minuti l'Alfa è fuori Milano; Mario è di buon umore, ride e scherza con i ragazzi: Anna lo guarda e pensa che oggi è tornato ragazzo, dopo l'incontro con Giorgio. Parla e scherza, ricorda il suo passato di studente, racconta la sua vita da giovane e i ragazzi ridono.

L'Alfa corre veloce, forse troppo veloce, e Mario non guarda molto la strada: d'improvviso da destra viene un motorino, Mario ha il semaforo giallo ma non frena, anzi al contrario accelera e vede il motorino all'ultimo momento. Anna grida:
– Attento!

Giorgio spalanca gli occhi, questa volta per la paura, Barbara porta le mani al volto. Mario d'improvviso sterza[8], la macchina esce di strada e...

Rimangono fermi, senza dire niente, per trenta lunghi secondi. La paura è tanta, ma nessuno è ferito. Mario guarda Anna, Anna guarda Mario. Poi tutti e due guardano dietro: Barbara e Giorgio sono abbracciati, con gli occhi chiusi. Tremano ancora per la paura. Giorgio apre gli occhi per primo, vede Mario. Mario chiede:
– Sei vivo? Giorgio fa sì con la testa.

– Paura? – dice Anna.

– Voi no? – risponde Barbara.

– Beh, forse devo invitare anche il ragazzo del motorino a pranzo con noi... – dice Mario, ma nessuno ha voglia di sorridere.

Viene gente vicino alla macchina, tutti chiedono:
– Come state? Tutto bene? Ci sono feriti?

---

7. *in coro*: insieme.
8. *sterzare*: girare il volante per far cambiare direzione alla macchina.

Mario esce dall'auto e dice a tutti:
– Tutto bene, tutto bene, grazie. Stiamo tutti bene, non c'è problema!

Una signora anziana vede Giorgio e grida:
– Ma quel ragazzo ha il gesso, è ferito!

– Ma signora – dice Giorgio, e per la prima volta torna a ridere: – il gesso è per un altro incidente, non certo per questo! Non posso certo mettere il gesso così, subito!

Adesso ridono tutti, anche le persone intorno.

Arriva anche il ragazzo del motorino, per fortuna anche lui non ha niente; vede tutti ridere e non capisce.

– Beh, che c'è da ridere?

– Niente niente, siamo felici di stare tutti bene, ecco tutto – dice Ma-

rio – E tu, stai bene?

– Sì, tutto bene, grazie.

– Sai, questo è il secondo incidente per me oggi, prima ho investito un ragazzo in bici e adesso andiamo a pranzo insieme. È colpa mia anche questa volta, quindi sei invitato anche tu! Vieni con noi?

– Cosa? Il secondo incidente oggi? – chiede il ragazzo preoccupato – No, no, per carità, andate da soli, non c'è due senza tre[9]!!! E scappa via.

Finalmente, dopo 10 minuti, Mario, Anna, Giorgio e Barbara arrivano al ristorante e mangiano di gusto[10]. Alla fine, quando escono dal ristorante, Giorgio chiede a Mario:
– Allora Mario, chi pensi di investire oggi pomeriggio? Hai una lista o improvvisi[11]?

Mario risponde: – Spiritoso! Beh, sicuramente uno che mangia meno di te!

Tutti ridono e salgono in auto, ma al ritorno Mario guida con molta attenzione. Basta incidenti, per oggi.

21-24

9. *non c'è due senza tre*: proverbio che significa: "*Se è successo già due volte, di sicuro succederà ancora*".
10. *di gusto*: con molto piacere.
11. *improvvisare*: fare una cosa senza essere preparati.

Indice delle attività

1. Hai capito cosa significa?

Giorgio ha molti esami *da fare.* = Giorgio *deve fare* molti esami.
Cosa c'è *che possiamo mangiare?* = Cosa c'è *da mangiare?*

Continua tu!

1. Al mercato ho trovato molte cose *da comprare.* =

   ....

2. Non ho niente *da dire.* =

   ....

3. Questo è un film *da vedere.* =

   ....

4. .... =

   Ho molte cose *che devo fare.*

5. .... =

   Non c'è niente *che posso bere.*

6. .... =

   Questo è un libro *che devi leggere!*

6

2. Caccia al... "contrario"!

Ascolta la traccia audio con attenzione e indica, tra gli aggettivi che seguono, quelli che sono il contrario di alcune parole che ascolterai. Attenzione, però, ci sono degli aggettivi in più!

☐ leggero	☐ triste	☐ vecchio	☐ alto
☐ brutta	☐ calmi	☐ grasso	☐ lontano
☐ basso	☐ piccola	☐ corta	☐ rumoroso

3. Conosci queste espressioni?

vicino a... ⁕ davanti a... ⁕ dietro... ⁕ a destra di... ⁕ a sinistra di...
di fronte a... ⁕ prima di... ⁕ dopo... ⁕ al centro di... ⁕ accanto a...

...Vediamo! Osserva il disegno qui sotto.
Leggi il testo e metti le lettere nel cerchietto giusto.

La *macchina* di Mario viene da **destra**. La *bicicletta* di Giorgio è **dopo** il semaforo, **al centro** della strada. Poco **prima del** semaforo, **a destra**, c'è una *farmacia*. **Vicino alla** farmacia c'è una *libreria*. **Prima della** macchina di Mario c'è un *giornalaio*; **accanto al** giornalaio c'è la *fermata dell'autobus*. **A sinistra, dopo** l'incrocio, c'è un *ufficio postale*.

capitolo 2

4. Indica con una *X* le affermazioni vere.

1. Mario è fidanzato. ☐
2. Giorgio studia Legge. ☐
3. Mario ha due bambini. ☐
4. A Giorgio fa male il braccio. ☐
5. L'ambulanza è arrivata presto. ☐

7

5. *Cerca l'errore.* Ascolta la traccia audio che si riferisce al testo che segue e correggi i 4 errori presenti.

Poco dopo, Giorgio è seduto sulla strada, la bicicletta vicino a lui. Mario lo guarda, ha voglia di parlare con lui, se parlano forse Giorgio non pensa al dolore.

– Come ti chiami?

– Ahia... Giorgio, e Lei?

– Mario Fogli. Ma diamoci del Lei, per favore.

– Che fa... che fai, sei un avvocato?

– Sì! Come hai fatto a capire?

– Non so perché, ma ho subito pensato al lavoro d'avvocato: sai, secondo me gli avvocati hanno, non so, un modo speciale di camminare, di guardare gli altri... o forse è solo una mia idea perché studio Legge e un giorno voglio anch'io essere un avvocato di successo... sai, come quelli dei film americani! – Prova a sorridere, ma il dolore è forte.

1. .... 2. ....

3. .... 4. ....

6. *Perché si dice così?* Quando usiamo queste espressioni?

1. *Lasciamo stare...*

a. ☐ Quando vogliamo dire qualcosa.

b. ☐ Quando non vogliamo parlare di qualcosa.

c. ☐ Quando siamo molto felici.

2. ***Diamoci del tu!***

a. ☐ Vogliamo essere più amici di qualcuno.
b. ☐ Vogliamo invitare qualcuno a bere qualcosa.
c. ☐ Vogliamo restare soli con qualcuno.

3. ***È colpa mia!***

a. ☐ Ho fatto una cosa bella.
b. ☐ Ho capito che ho fatto un errore.
c. ☐ Ho capito che ho detto una cosa stupida.

4. ***Come faccio a lasciarti solo?***

a. ☐ Non voglio andare con un amico.
b. ☐ Voglio uscire con qualcuno.
c. ☐ Non voglio lasciare un amico che ha un problema.

7. Riscrivi le quattro espressioni in un contesto diverso.

(È possibile scrivere un dialogo, un pensiero, una frase, una situazione...)

1. ....

....

2. ....

....

3. ....

....

4. ....

....

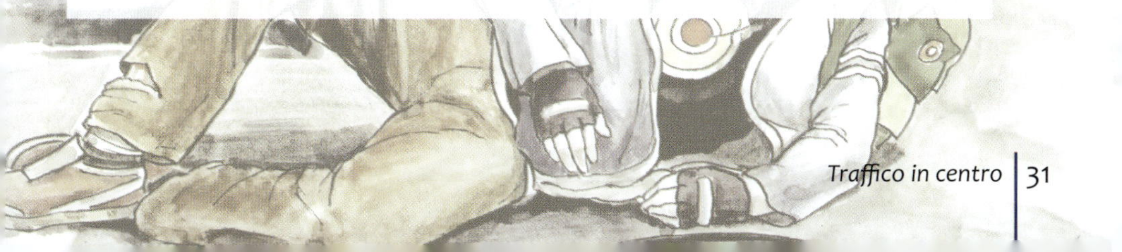

8. Risolvi il cruciverba e scopri la parola nascosta (6 lettere) nelle caselle evidenziate.

Orizzontali

1. Il colore della lavagna a scuola.
6. Inizio e fine di *sole*.
7. Contrario di *male*.
8. Verbo per gli occhi.
9. Desiderio di un futuro migliore.
10. Fa male!

Verticali

1. Il contrario di *sì*.
2. Infinito di un verbo... "divertente"!
3. Colpire una persona con la macchina.
4. Macchina per andare in ospedale.
5. Dire o fare una cosa divertente.

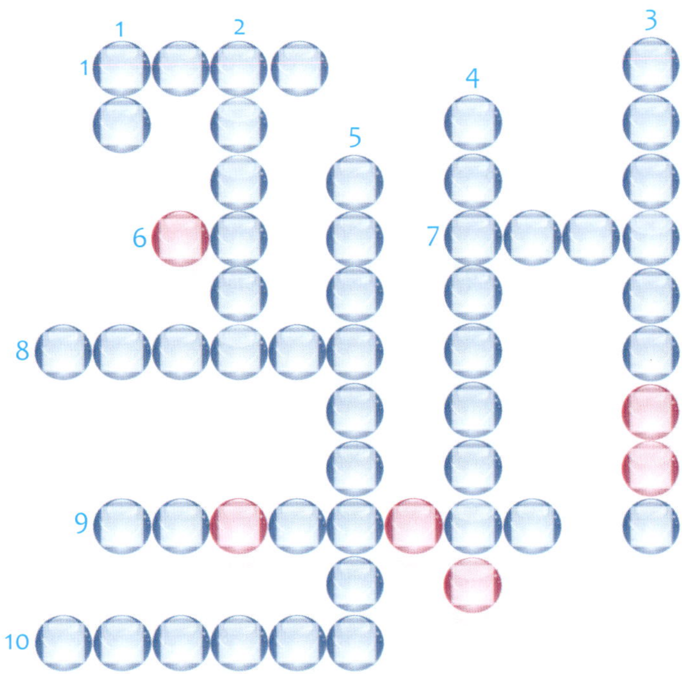

La parola nascosta è: ....

9. Racconta... i disegni!

Racconta cosa è successo tra Mario e Giorgio con l'aiuto dei disegni in basso. Attenzione! I disegni non sono in ordine: prima devi metterli nell'ordine giusto e poi raccontare la storia dell'incidente.

A

B

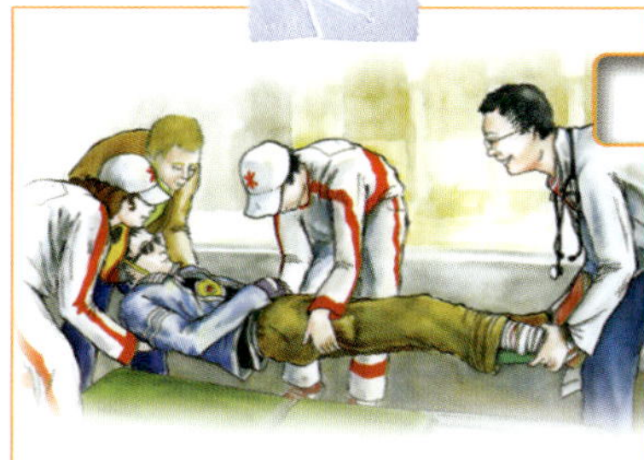

C

D

E

F

La sequenza giusta è:

I .... II .... III .... IV .... V .... VI ....

10. Rispondi alle domande.

1. Perché Giorgio è distratto?

   ....

2. Perché Giorgio chiama Mario "tizio"?

   ....

3. Secondo te, che lavoro fa la moglie di Mario?

   ....

11. *Facciamo il punto*. Scegli le espressioni giuste in questo breve riassunto.

Giorgio e Mario hanno fatto un (1) ***accidenti/accidente/incidente***. Mario (2) ***ha investato/ha investito/è investito*** Giorgio con la sua Alfa Romeo perché Giorgio è passato con il semaforo (3) ***rosso/giallo/verde***. Mario è un avvocato e Giorgio studia Legge, ma è uno studente (4) ***in corso/fuori corso/sul corso***. Dopo l'incidente Giorgio ha molto dolore (5) ***alla testa/alla gamba/alla mano*** e Mario lo aiuta e parla un po' con lui. Quando l'ambulanza arriva Mario decide di andare con Giorgio (6) ***a casa/all'università/all'ospedale***.

12. Ricostruisci la telefonata di Mario e Anna. Cosa ha detto Mario a sua moglie Anna?

Anna: Pronto?

Mario: ....

Anna: Oh, ciao Mario, come va?

Mario: ....

Anna: Perché? È successo qualcosa?

Mario: ....

Anna: Oh mio Dio!

Mario: ....

Anna: Ah, bene, poverino, ma come è successo?

Mario: ....

Anna: Devi stare attento, i ciclisti non guardano mai dove vanno; adesso dove sei?

Mario: ....

Anna: Al San Raffaele, certo, sì... quando hai finito mi telefoni?

Mario: ....

Anna: Sì, io resto qui in università fino a mezzogiorno, oggi ci sono gli esami.

Mario: ....

Anna: Ok, ciao, a dopo, ciao.

13. Ascolta il brano e completa gli spazi vuoti.

– Pronto, Barbi? Dove sei? ... Ah, in università? ... No, io non vengo oggi, ho avuto un (1).. incidente. ... No, niente di grave, ma devo andare in ospedale, sono in un' (2).. ... No, non scherzo, un tizio mi ha investito con la macchina. ... No davvero, sto bene, la gamba mi fa male, ma non è niente di (3).. ... Sì, viene anche lui in ospedale con me... è (4).., un avvocato. ... No, no, non è colpa sua, è mia, sono passato con il rosso. ... Sì, lo so, sono sempre (5)....................................., lo so, ma sono distratto perché penso sempre a te, amore mio. ... Senti, vieni in ospedale, più tardi?

14. ***Prevedi il seguito della storia*. Cosa può succedere ora? Come entrano nella storia le due donne? Fai due ipotesi.**

1. ....

....

....

....

....

....

2. ....

....

....

....

....

....

15. ***Come va?* In italiano usiamo questa espressione per dire: *Come stai?*, ma anche per sapere...**

***Come va* il lavoro?**
***Come è andato* l'esame?**

Continua tu!

- lo studio dell'italiano 1. ....?
- le vacanze (al passato) 2. ....?

16. ***A cosa giochi?* Scrivi qui sotto i tre sport che preferisci e parlane con i compagni.**

17. ***Frasi "spezzate"*. Unisci correttamente le frasi.**

1) Giorgio vuole camminare,	**a)** e dice sottovoce: «Buona fortuna!»
2) Quando c'è la famiglia,	**b)** nella stanza del dottore.
3) Due anni fa sono venuto qui	**c)** ma la gamba fa male.
4) Barbara e Giorgio entrano	**d)** per una mano.
5) Mario saluta con la mano	**e)** il tempo libero è per i figli e per la moglie.

18. ***Disegni e parole.*** **Abbina i disegni alle parole corrispondenti.**

1. ....

2. ....

3. ....

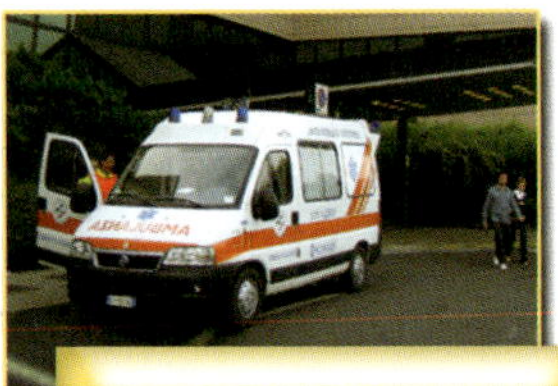

4. ....

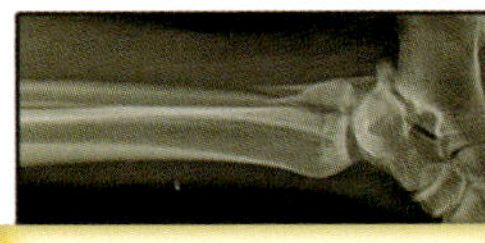

5. ....

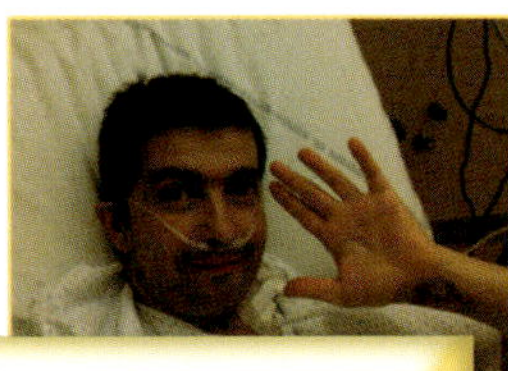

6. ....

ambulanza
corridoio
incidente
dottore
malato
frattura

19. Ascolta il brano e completa il testo con le preposizioni.

L'ospedale è grande e affollato, Giorgio è (1).................................. corridoio e aspetta il dottore. Mario è seduto vicino (2).................................. lui, ha comprato un giornale e una rivista. Giorgio ha preso la rivista e la sfoglia, mentre Mario guarda (3).............................. destra e (4).............................. sinistra per vedere se arriva il dottore.

– Come va la gamba?

– Mah, adesso fa meno male...

– Sono sicuro che non è niente (5).............................. grave.

– Ma certo, solo una frattura, ho già avuto un incidente simile.

– Davvero? Quando?

– Cinque anni fa. Sempre (6)............................ bicicletta, ma non (7)........ .... città, (8)............................ campagna.

20. Conosci queste espressioni molto comuni nel linguaggio colloquiale? Inserisci *Caspita!*, *Meno male!*, *Ecco... !* nei disegni.

capitolo 5

21. *Facciamo il punto.* Correggi le affermazioni false.

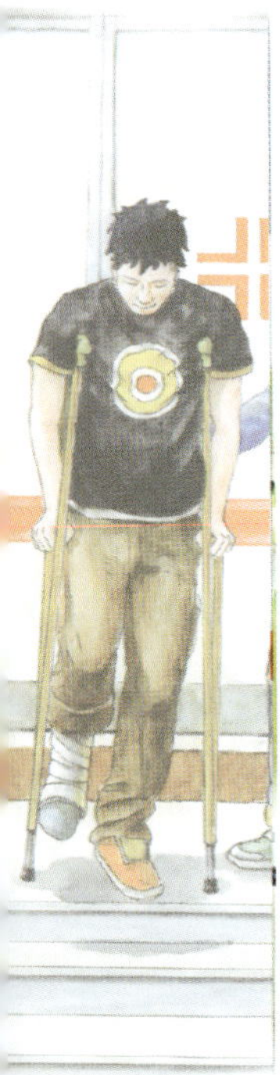

1. Giorgio telefona alla madre.

   ....

2. Mario telefona a sua moglie.

   ....

3. Giorgio non ha mai avuto incidenti.

   ....

4. Mario fa molto sport.

   ....

5. Giorgio ha conosciuto Barbara in ospedale.

   ....

6. Giorgio deve fare i raggi X.

   ....

22. Che cosa ricordi della storia? Vediamo! Abbina le vignette alle frasi e poi metti in ordine la sequenza.

	Disegno n.
a. Viene l'ambulanza e porta Giorgio all'ospedale.	
b. Giorgio esce dall'ospedale con la ragazza.	
c. Giorgio ha un incidente con Mario.	*6*
d. La macchina con i quattro amici ha un altro incidente.	
e. Giorgio fa i raggi X.	
f. Tutti e quattro mangiano al ristorante.	

1

2

3

4

5

6

La sequenza giusta è:

I .... II .... III .... IV .... V .... VI ....

23. Ascolta il brano e indica le espressioni o le parole NON presenti.

1. 30 minuti ☐
2. fuori Milano ☐
3. buon umore ☐
4. oggi è tornato bambino ☐
5. il suo passato sorridente ☐
6. corre veloce ☐
7. da sinistra viene ☐
8. rosso ☐
9. grida ☐
10. paura ☐

24. Qual è il contrario di...?

1. attento ....
2. confusione ....
3. dare del tu ....
4. parlare sottovoce ....
5. difficile ....
6. a destra ....

Chiavi delle attività

1. 1. Al mercato ho trovato molte cose che posso comprare, 2. Non posso/voglio dire niente, 3. Questo è un film che devi/dobbiamo vedere, 4. Ho molte cose da fare, 5. Non c'è niente da bere, 6. Questo è un libro da leggere!
2. triste, vecchio, brutta, calmi, lontano, piccola, corta
3.

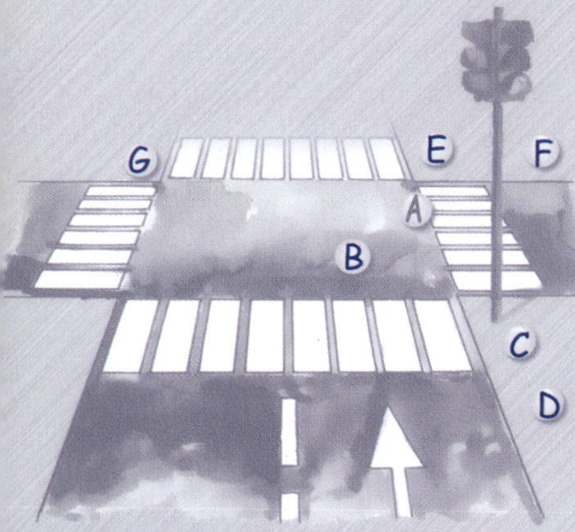

4. 2, 3
5. 1. sulla strada: sul marciapiede, 2. del Lei: del tu, 3. lavoro: mestiere, 4. idea: impressione
6. 1. b, 2. a, 3. b, 4. c
7. Risposte libere
8. Orizzontali: 2. investire, 4. se, 5. ridere, 6. dolore, 7. speranza, 9. nero, 10. ambulanza, 11. bene; Verticali: 1. scherzare, 3. vedere, 8. no

   Parola nascosta: sirena
9. I-E, II-C, III-F, IV-D, V-A, VI-B
10. 1. Giorgio è distratto perché pensa alla sua ragazza Barbara, 2. Perché Giorgio non conosce Mario, 3. La moglie di Mario insegna all'università
11. 1. incidente, 2. ha investito, 3. rosso, 4. fuori corso, 5. alla gamba, 6. all'ospedale
12. Risposte libere
13. 1. piccolo, 2. ambulanza, 3. grave, 4. simpatico, 5. distratto
14. Risposte libere
15. 1. Come va lo studio dell'italiano, 2. Come sono andate le vacanze
16. Risposta libera
17. 1. c, 2. e, 3. d, 4. b, 5. a
18. 1. incidente, 2. corridoio, 3. dottore, 4. ambulanza, 5. frattura, 6. malato
19. 1. nel, 2. a, 3. a, 4. a, 5. di, 6. in, 7. in, 8. in
20. 1. Meno male!, 2. Caspita!, 3. Ecco l'autobus!
21. 1. alla sua ragazza, 3. ha avuto due incidenti, 4. non fa sport, 5. ha conosciuto Barbara a scuola
22. I c-6, II a-3, III e-5, IV b-4, V d-1, VI f-2
23. 1, 4, 5, 7, 8
24. 1. distratto, 2. ordine, 3. dare del Lei, 4. gridare/parlare a voce alta, 5. facile, 6. a sinistra

PRIMIRACCONTI
letture semplificate per stranieri

Primiracconti è una collana di racconti rivolta a studenti di ogni età e livello. Ogni storia è accompagnata da brevi note, da originali e simpatici disegni, da una sezione con esercizi e relative soluzioni. Ogni volume è completato dalle tracce audio per ascoltare tutto il racconto e svolgere delle brevi attività.

Dieci Racconti (A1-A2) Una moglie gelosa, dei vicini di casa troppo curiosi, un amico che entra nella vostra cucina e mangia tutto, un ladro elegante, una donna bella e misteriosa nel metrò. Questi e altri personaggi sono i protagonisti delle dieci brevi storie di questo libro, dove scopriamo che la vita di tutti i giorni può avere i suoi lati interessanti...

Dieci Racconti fa parte anche dei materiali supplementari di *Nuovo Progetto italiano 1* in quanto le storie sono ispirate ad alcuni dialoghi del volume.

Mistero in Via dei Tulipani (A1-A2) è una storia coinvolgente, e non senza colpi di scena, che si sviluppa all'interno di un condominio. Tutto inizia con l'omicidio del signor Cassi, l'inquilino del secondo piano: due sedicenni, Giacomo e Simona, decidono di mettersi sulle tracce dell'assassino. Le indagini porteranno i ragazzi a scoprire non solo il colpevole, ma anche l'amore.